GW01495623

श्रीगणपति

अथर्वशीर्षम्

ॐ गं गणपतये नमः

सार्थ हिंदी टीका

अनिल सोहोनी
asohoni@gmail.com

अर्पणपत्रिका

परम पूजनीय सद्गुरू स्वामी चिन्मयानंदजींके चरणोमें
सादर सविनय अर्पण

H.H. Swami
Chinmayananda

भरोनि सद्भावांची अंजुळी
मिया वोंविया फुलें मोकळी
अर्पिलीं अंघ्रियुगुलीं विश्वरूपाच्या

सद्भावरूपी फूल मैं विश्वरूप सद्गुरूके चरणोंमें अर्पण करता हूँ

आपुलिया बळे नाही मी बोलत | सखा कृपावंत वाचा त्याची
साळुकी मंजूळ बोलतासे वाणी | बोलवीता धनी वेगळाची
काय म्या पामरे बोलावी उत्तरे | परि त्या विश्वंभरे बोलविले
तुका म्हणे त्याची कोण जाणे कळा | वागवी पांगुळा पायावीण

संत तुकाराम महाराज कहते हैं ..मैं अपनी शक्तिसे नहीं बोल रहा हूँ. कृपावंत सखा ईश्वर ही बोल रहा है. चिडिया मधुर बोली बोलती है लेकीन उसके पीछे कोई और ही होता है. मैं नाचीज अपने बलसे कैसे बोल सकता हूँ. विश्वंभर मेरी वाचासे बोलते हैं. ऐसे ईश्वरका प्रभाव कोई नहीं जानता. उनके न कोई पाव हैं फिर भी वे पूरे विश्वमें गतिमान हैं.

कृतज्ञता

- मैं मेरे माता और पिताके प्रति कृतज्ञता व्यक्त करता हूँ जिन्होंने मेरी परवरिश की और मुझमें धार्मिक विचारोंका प्रयत्नपूर्वक रोपण किया.
- मेरे सद्‌गुरू परम पूजनीय स्वामी चिन्मयानंद जी के ऋण मैं जन्मजन्मांतरमें भी नहीं चुका सकता. उन्होंने हमेंही नहीं बल्कि दुनियाको वेदान्त अति सुलभ किया.
- मैं चिन्मय मिशनके प्रमुख स्वामी तेजोमयानन्द जी के प्रति आदर व्यक्त करता हूँ.
- मैं सब धर्मके संत और महात्माओंके प्रति कृतज्ञता व्यक्त करता हूँ.
- मैं मेरे प्रिय मित्र श्री कमलेश ठाकूर जी का अत्यंत आभारी हूँ जिन्होंने बहुत प्यारसे यह हस्तलिखित दुरूस्त किया.
- मैं श्री गणेजी को बार बार दंडवत करता हूँ जो चराचरके अंर्तयामि हैं.

अनिल सोहोनी
asohoni@gmail.com

मेरे दो शब्द.....

सुख प्राप्ति और दु:ख निवृत्तीके लिये सब प्राणिमात्र निरंतन प्रयास कर रहे हैं. अनुकूलकी प्राप्ति सुख है और प्रतिकूलकी प्राप्ति दू:ख है. सिर्फ मानव ही इस सुख दु:ख संवेदनाका अनुभव कर सकता है. मानवेतर योनीयोंमें भले मन होता है परंतु मानव जैसा विकसित नहीं होता है. प्राणी सुख दु:ख का अनुभव तो करते हैं पर स्वयं उनकी प्राप्ति वृद्धि या निवारण नहीं कर सकते. जो कुछ प्राप्त होवें उसे चुपचाप सह लेते हैं. मानवका मन बुद्धि उपकरण विषेश विकसित होनेसे वह सुख प्राप्ति और दु:ख निवृत्तीके नये नये साधन खोजता है.

मानव केवल शारीरिक सुख साधनोंसे समाधान नहीं मानता. मनके स्तरपर अनुकूल भावविश्व ओर बुद्धिके स्तरपर अनुकूल विचार विश्वकी प्राप्ति उसे अधिक समाधान देती है. प्रतिकूल भावविश्व और प्रतिकूल विचार विश्व पानेसे उसका अंत:करण दु:खसे चूर चूर हो जाता है.

सुख दु:खकी कल्पना स्थान व्यक्तिके अनुसार भिन्न भिन्न होती है. किसीको रेशमी वस्त्र और स्वर्ण आभूषण पहननेमें बडा सुख मिलता है तो कोई एक वस्त्र पहनकर भी बडे मजेमें रहता है. किसी को दूध पीनेसे आनंद महसूस होता है तो कोई जाम पीकर झूमता है.

मेरा सुख इसीमें है ऐसी जो मनकी धारणा होती है उसे उस आदमीकी श्रद्धा कहते हैं. भगवान श्रीकृष्ण कहते हैं कि श्रद्धा तीन प्रकारकी होती है.

त्रिविधा भवति श्रद्धा देहिनां सा स्वभावजा
सात्विकी राजसी तामसी तां श्रुणु

गीता १७/२

मानवी स्वभाव तीन प्रकारकी श्रद्धा से बनता है...

सात्विक श्रद्धा वाला व्यक्ति शुभ देवताकी उपासना करता है. साफ सुथरे वस्त्र पहनता है. ताजा और सात्विक पुष्टी देनेवाला संतोष बढानेवाला अन्न खाता है.

राजसी श्रद्धा वाला व्यक्ति विकारी शक्तिकी आराधना करता है. उसे तेल युक्त मसालेदार भोजन भाता है. उसकी रूची महंगे दिखावा वाले वस्त्र पहेननेमें और स्वर्ण आभूषण धारण करनेमें होती है.
तामसी श्रद्धा वाला व्यक्ति भूतपिशाच या गुंडे व आतंकवादी लोगोंको भजता है. बासी सडी हुई चीजे उसे पसंद हैं. पूराने फटे हुअे गंदे वस्त्र उसे अच्छे लगते हैं.

तो श्रद्धाके बारेमें इतना कुछ कहनेका कारण यही है की श्रद्धाके अनुसार हर एक व्यक्तिका सुख दु:ख भिन्न होता है. वैसे तो हर एक व्यक्ति किसी ना किसी देवता याने देनेवालेकी उपासना करता ही है.लेकीन सात्विक देवता ही आदमी को स्थायी सुख देता है हित करता है. अंतमें ग्यान प्रदान करता है. उसका मन उत्तरोत्तर विकसित करता है और ईश्वर तत्त्व तक ले जाता है.

श्री गणेश यह देवता सात्विक तो हैं ही लेकिन सुखकर्ता दुखहर्ता भी हैं. प्राचीन कालसे इस देवता का पूजन सब कार्योंके आरंभमें किया जाता है.एशियामें खास करके भारतमें पूरातन कालसे गणेशजीकी उपासना की जाती है.

गणपति अथर्वशीर्ष यह केवल स्तुतीपर स्तोत्र नहीं है. यह एक उपनिषद है. इसमें ईश्वरके सगुण और निर्गुण रूप की चर्चा की है. इसमें ब्रह्मतत्त्व के बारेमें सुंदर विवेचन किया गया है.

ऐसे मौलिक स्त्रोत्रका चिंतन करनेका विचार मेरे मनमें श्री गजाननकी उपासना करनेसे और सदगुरू श्री चिन्मयानंद जी महाराजकी कृपासे आया. श्री गणेश जी का और सदगुरूके चरणोंका स्मरण करके अब ये चितंन हम आरंभ करेंगे.

वैसे तो इस टीपण्णीमें मेरा खुदका ऐसा कुछ भी नहीं है. यह सब मैंने अपने वेद उपनिषद संत महात्माओंका वाङमय पढकर अपनी शैलीमें लिखा है. मानो कि महान ऋषि संत महात्माओंने जो सद् विचारोंके उपवन बनाये उनमेंसे ही कुछ सुंदर फूल चुनकर मैंने उसका गुलदस्ता बनाया और आपको पेश किया है. मुझे विश्वास है की ये गुलदस्ता आपकी प्रसन्नता बढाअेगा.

बस अब इतनाही...

अथर्वशीर्षम्

ॐ नमस्ते गणपतये | त्वमेव प्रत्यक्षन् तत्त्वमसि | त्वमेव केवलं कर्तासि |
त्वमेव केवलं धर्तासि | त्वमेव केवलं हर्तासि |
त्वमेव सर्वम् खल्विदं ब्रम्हासि | त्वं साक्षात आत्मासि नित्यम् ||

ऋतं वच्मि | सत्यं वच्मि ||

अव त्वं माम् | अव वक्तारम् | अव श्रोतारम् | अव दातारम् |
अव धातारम् | अवानूचानमवशिष्यम् | अव पश्चात्तात् |
अव पुरस्तात् | अवोत्तरात्तात् | अव दक्षिणात्तात् | अव चोर्ध्वात्तात् |
अवाधरात्तात् | सर्वतो मां पाहि पाहि समन्तात् ||

त्वं वाङ्मयस्त्वं चिन्मय: | त्वमानन्दमयस्त्वं ब्रह्ममय: |
त्वा सच्चिदानन्दाद्वितीयोसि | त्वं प्रत्यक्षं ब्रह्मासि |
त्वं ज्ञानमयो विज्ञानमयोसि ||

सर्वम् जगदिदन् त्वत्तो जायते | सर्वम् जगदिदन् त्वत्तस्तिष्ठति |
सर्वम् जगदिदन् त्वयि लयमेष्यति | सर्वम् जगदिदं त्वयि प्रत्येति |
त्वं भूमिरापोनलोनिलो नभ: | त्वं चत्वारि वाक्पदानि ||

त्वं गुणत्रयातीत: | त्वं देहत्रयातीत: |
त्वं कालत्रयातीत: | त्वं अवस्था त्रयातीत: |
त्वं मूलाधारस्थितोसि नित्यम् | त्वं शक्तित्रयात्मक: |
त्वां योगिनो ध्यायन्ति नित्यम् ||

त्वं ब्रह्मा त्वंविष्णुस्त्वण्रुद्रस्त्वमिन्द्रस्त्वमग्निस्त्वंवायुस्त्वंसूर्य
त्वंचन्द्रमास्त्वं ब्रह्मभूर्भुवः स्वरोम् ||

गणादिं पूर्वमुच्चार्य वर्णादिस्तदनन्तरम् | अनुस्वारः परतरः |
अर्न्धेन्दुलसितम् तारेण ऋद्धम् | एतत्तव मनुस्वरूपम् |
गकारः पूर्वरूपम् | अकारो मध्यमरूपम् | अनुस्वारश्चान्त्यरूपम् |
बिन्दुरुत्तररूपम् | नादः सन्धानम् | संहिता सन्धिः |
सैषा गणेश विद्या | गणक ऋषिः |
निचृद्गायत्री छन्दः | गणपतिर्देवता |

ॐ गं गणपतये नमः ||

एकदन्ताय विद्महे वक्रतुण्डायधीमहि तन्नो दन्ती प्रचोदयात् ||

एकदन्तं चतुर्हस्तं पाशमङ्कुशधारिणम् रदं च वरदं हस्तैर्बिभ्राणम्
मूषकध्वजम् रक्तं लम्बोदरं शूर्पकर्णकं रक्तवासं रक्तगन्धानुलिप्तागं रक्तपुष्पैः
सुपूजितम् भक्तानुकम्पिनं देवं जगत्कारणमच्युतम्
आविर्भूतं च सृष्टयादौ प्रकृते पुरुषात् परम् |
एवं ध्यायति यो नित्यं स योगी योगिनां वरः ||

नमो व्रातपतये नमो गणपतये नमः प्रमथपतये नमस्ते अस्तु
लम्बोदरायैकदन्ताय विघ्ननाशिने शिवसुताय वरदमूर्तये नमः ||

ॐ शान्तिः शान्तिः शान्तिः

ॐ नमस्ते गणपतये

भावार्थ :- ॐ गणपतिको मैं नमन करता हूं.

टीका :- वैदिक धर्मके अनुसार सबसे पहले ॐ का उच्चारण करनेकी प्रथा है. जब हम किसीसे मिलते हैं तब प्राय: स्वागतके तौरपर कहते हैं कि 'राम राम' 'जय श्रीकृष्ण' उसी प्रकार 'ॐ गणपतये' कहकर ऋषिने गणपतिका स्वागत किया है.

व्यवहारमें जब जब हम किसीसे मिलते हैं तब वह यदि बडा हो तो 'चाचा' 'दादा' 'साहब' ऐसा कहकर आदर प्रगट करते हैं. ऊसी तरह ॐ से संबोधित करके गणपति का आदर किया गया है. गजानन परब्रह्म स्वरूप है और ॐ परब्रह्मका प्रतीक है. इसलिये गणपतिको ॐ से संबोधित करना उचित है.

नमस्ते याने नमन करता हूं. नम् इस संकृत धातु से कइ भाव प्रगट होते हैं. जैसे कि..नम्र होना.. श्रेष्ठता स्वीकारना.. उनकी मतोंका आदरपूर्वक स्वीकार करना.. शरणागत होना. ऋषि कहते हैं कि.. हे गजानन मैं नम्रतापूर्वक आपकी शरण आया हूं.

गणपति का सामान्य अर्थ है गणोंके पति या स्वामी. इससे हटकर गणपति का अर्थ समझनकी हम कोशिश करेंगे. गण् धातुका अर्थ है गणना करना या जिसकी गणना कर सकते हैं. इससे सापेक्ष जगतका.. सब चराचर विश्वका बोध होता है जिसकी गणना हो सकती है. गणपति इन सभी गणना करने योग्य चराचर विश्वके पती याने स्वामी हैं. वे खुद अ गण्य हैं. सापेक्षताके परे है. वे निरपेक्ष परमतत्त्व हैं. वे गणना किये जानेवाले विश्वके अ गण्य पति हैं.

अथर्वशीर्ष के इस पहले मंत्रमें ही रचनाकार ऋषि स्पष्ट करते हैं कि हम साधक गणपतिको सगुण मानकर उनकी अर्चना जरूर करें लेकिन ध्यानमें रखें कि गणपति असीम अमित अगण्य अरूप अगोचर हैं. वे निरपेक्ष परमतत्त्व हैं.

त्वमेव प्रत्यक्षम् तत्त्वमसि

भावार्थ :- आप प्रत्यक्ष तत्त्व हैं.

टीका :- ऋषि गणपतिको सगुण मानकर उन्हे नमन करते हैं फिर भी उन्हे पता है कि गजानन केवल निरपेक्ष परमतत्त्व हैं.
श्रुति का प्रसिध्द सिद्धांत है 'तत् त्वम् असि'. तत् याने 'वह'. 'वह' परमतत्त्व का निर्देश करता है. गजानन केवल तत्त्व है.

अथर्वशीर्षकी रचना गजाननकी केवल स्तुती करनके लिये नहीं है. यह एक उपनिषद है. उपनिषदका विषय है ब्रह्मतत्त्वका दिग्दर्शन करना और जीव ब्रह्म का ऐक्य प्रस्थापित करना है.

तत्त्वमसि पद का विस्तार इस प्रकार . . . त्वम् तत् असि . . .त्वम् याने "तू". तू से जीव का बोध होता है. त्वम् से सकल नामरूपात्मक सापेक्ष चराचर विश्वका भी निर्देशन किया है. तत् याने गजानन तत्त्व या परमतत्त्व जो निरपेक्ष है. स्पष्ठ है कि जीव सहित पूरा चराचर विश्व गजानन तत्त्व या परमतत्त्व है.

साधकको ध्यानमें रखना है कि यदि वह गजाननको सगुण मानकर उपासना कर रहा है तो भी गजानन नाम रूपसे परे है. वे असीम अमित अगण्य अरूप अगोचर है. वे निरपेक्ष परमतत्त्व हैं. और जीव भी गजानन तत्त्व या परमतत्त्व है. इसलिये यह जो गणपतिके स्वरूपका निरूपण हो रहा है वह अपने खुद का है. साधकको जानना है कि वह देह मन बुद्धि उपाधि नहीं है. वह परमतत्त्व है. ऐसी धारणा करनेसे परमतत्त्व स्वरूप गजाननसे प्रेम होता है. औरोंसे से प्रेम नहीं होता. खुदसे प्रेम सहज ही होता है. इसतरह जाने कि गजानन अपना ही स्वरूप है तो गजाननसे हमें प्रेम जताना सुलभ होगा.

त्वमेव केवलं कर्तासि त्वमेव केवलं धर्तासि त्वमेव केवलं हर्तासि

भावार्थ :- आपनेही इस विश्वका निर्माण किया है. आपनेही इस विश्वको धारण किया है. आपही इस विश्वको हरण याने नष्ट करते हैं.

त्वमेव सर्वम् खल्विदं ब्रम्हासि त्वं साक्षात आत्मासि नित्यम्

भावार्थ :- सच कहूँ तो आप ब्रह्मतत्त्व हैं. आप साक्षात आत्मतत्त्व हैं.

टीका :- ऋषि कहते है कि गजाननही जगतका निर्माता है और उन्होंनेही इसे धारण किया है. कल्पके अन्तमें वे ही इसे नष्ट करेंगे. ये बात सुनके ऐसा लगता है मानो गजानन कोइ महान हस्ती होंगे जो इस विश्व के बाहर बसेरा करते होंगे. ऐसा नहीं है.

जगत उत्पत्ति के संवंधमें कई मान्यतअे हैं. हम वेदान्त सिद्धांत का विचार करेंगे.

वस्तुकी निर्मितिमें कई घटक लगते हैं. वे इस प्रकार ....

क.	घटक		उदाहरण (घटके निर्माणमें)
१	उपादान कारण	Material cause	मिट्टी उपादान है
२	निमित्य कारण	Efficient cause	कुम्हार निमित्य है
३	सहाय्यक कारण	Instrumental cause	कुम्हारका चक सहाय्यक है

यदि हमें घट बनाना है तो बनानवाला चाहिये. घट मिट्टी से बनता है तो मिट्टी भी चाहिये.और अन्तमें सहायक के तौरपर चाक भी चाहिये. ये तीनो घटक अलग अलग हैं लेकीन साथ साथ हो तोही घट की निर्मिती हो सकती है अन्यथा नहीं.

जगतकी निर्मिती घट पट जैसी नहीं होती है. जगतके निर्माता स्वयं ईश्वर हैं. निर्माण कार्यमें उन्होंने सामग्री बाहरसे नहीं मंगवाई न उन्होंने किसी औजार या हथियार का उपयोग किया है. जगतकी रचना उन्होंने खुद अपनेसे की है. इस तरह ईश्वरसे जगत बनता है. ईश्वरही उसे बनाते हैं. ईश्वरमें ही जगतकी धारणा है. अन्तमें उनमें ही जगत समाता है.

ईश्वर तत्त्व असीम अमित अगण्य अरूप अगोचर है. निरपेक्ष परमतत्त्व है. निरपेक्ष कभी सापेक्ष नहीं बन सकता है. इसलिये ये जगत न बना है न बनया है. खंबे पर भूतपिशाच भासमान होता है. वास्तवमे खंबे पर कोइ भूत हुआ ही नहीं. वह केवल एक भ्रम है. उसी तरह परमतत्त्व पर ये जगत प्रतीत होता है. काल्पनिक है. है ही नहीं. इस सिद्धांतके अनुसार भी परमतत्त्वरूपी गजानन पर ये जगत प्रतीत होता है. गजानन उसेमें निमित मात्र हैं. गजानन ही जगतके धारक हैं. अन्तमें उनमें ही जगत समाता है.

सब कुछ गजानन ही हैं. तो ये आत्मा याने ये लघु जीव भी गजानन है. इसलिये ऋषि कहते हैं हे गजानन आपही आत्मा हैं. लेकीन असलमें तो जीव ही ब्रह्म तत्त्व है जो असीम अमित अगण्य अरूप अगोचर है. निरपेक्ष परमतत्त्व है.

ऋतं वच्मि सत्यं वच्मि

भावार्थ :- मैं यथार्थ बोल रहा हूँ . मैं त्रिकालाबाधित सत्य बोल रहा हूँ .

टीका :- ऋषिने गणपतिका अंतरंग स्पष्ट किया . उनको महसूस हुआ अभी हमने अत्यंत गूढ वैज्ञानिक तत्त्वका निरूपण किया . सुनने वालोंको शायद संदेह होगा कि ये ऋषि सच कह रहे हैं या झूठ . इसलिये अगला निरूपण करनेके पहले ही ऋषि बोल देते हैं कि 'मैं सत्य बोल रहा हूँ' .

संस्कृत भाषा अत्यंत संपन्न और अर्थगर्भ है . व्यवहारमें ऋत कहनेका और सत्य कहनेका अर्थ एकही है . सच कहना या बोलना . ऋषिने यहा दो अलग शब्द प्रयोग किया है . एक ऋत कहता हूँ और दूसरा सत्य कहता हूँ .

ऋत् १ गण परस्मैपद संस्कृत धातुका अर्थ है जाना . . बदलना . . गतीमान होना . तो 'ऋत कहता हूँ' का अर्थ है जो मैं कहने जा रहा हूँ वह सच तो है लेकिन कालके अनुसार देश के अनुसार और व्यक्तिके अनुसार बदलेगा . जैसे उपासना कालके अनुसार देश के अनुसार और व्यक्तिके अनुसार भिन्न भिन्न होती है . भाषा के प्रयोगमें बदलाव आता है .

सत् जो त्रिकालाबाधित है याने जिसमें कभी भी कालके अनुसार . . देश के अनुसार या व्यक्तिके अनुसार बदलाव नहीं होता है वही सत्य कहलाता है . आगे जाकर ऋषि जो सिद्धांत कहने वाले हैं वे त्रिकालाबाधित सत्य होंगे .

अव त्वं माम्

भावार्थ :- आप मेरा रक्षण करें.

टीका :- ऋषि गणपतिसे प्रार्थना करते हैं कि वे ऋषिकी रक्षा करें. ये हो गया सामान्य अर्थ. अभी हम गूढार्थ देखेंगे.

अव् इस सस्कृत धातुके कई अर्थ हैं. अव् प्रथम गण परस्मैपद इस धातु का अर्थ हैं रक्षण करना ..सौख्य देना.. जानना ..समझना.. प्यारा लगना ..चाहना इत्यादी.

ऋषि कहते हैं कि मैं अग्यानी छोटा जीव हूं. फिर भी आपका अंश हूं. ये बात मैं भूल गय हूं. मुझे ये फिर याद दिला दीजियें समझा दीजियें कि मैं आप ही अंश हूं. ये जाननेकी चाह मुझमें पैदा करिये. इस चाहको मुमुक्षुत्त्व याने भगवानको जाननेकी चाहत कहते हैं.

साधना सोपानकी प्रथम पायरी है मुमुक्षुत्त्व याने भगवानको जाननेकी चाहत पैदा होना.जब यह अग्यानी जीव जानकर या अनजानेमें कुछ अच्छा कर्म करता है तब भगवान खुद उसमें मुमुक्षुत्त्व पैदा करते हैं. तो पहले सत्कर्म होना चाहिये फिर भगवानकी कृपा होती हैं इसका ध्यान हमें रखना है.

अव वक्तारम्

भावार्थ :- आपका वर्णन करनेवालेका आप रक्षण करें.

अव श्रोतारम्

भावार्थ :- आपका वर्णन सुननेवालेका आप रक्षण करें.

अव दातारम्

भावार्थ :- दान देनेवालेका रक्षण आप करें.

अव धातारम्

भावार्थ :- ग्यान धारण करनेवालेका आप रक्षण करें.

अवानूचानम् अवशिष्यम्

भावार्थ :- ग्यान संग्रहीत करनेवालेका आप रक्षण करें.

टीका :- ऋषि प्रार्थना करते हैं कि हे गजानन आप हम सबकी रक्षा करें. ये हो गया सामान्य अर्थ. अब हम उपरवाली पांचो मार्गोंके गर्भितार्थ का विचार करेंगे.

गजानके स्वरूप और तत्त्व का ग्यान ऋषिने अपने गुरूसे प्राप्त किया है. उन गुरूकी रक्षा करनेकी बिनती की गयी है. यहा अभिप्रेत है कि गुरू सेवा होना जरूरी है. गुरूसे ग्यान प्राप्त करना और उसपर अमल करना यही सच्ची सेवा है. इसलिये ऋषिकी मांग है कि गजानन गुरूकी रक्षा करें. उन्हे दीर्घ आयुरारोग्य प्रदान करें ताकी हम लंबे समय तक उनसे ग्यान हासील कर सकें.

श्रवण करने वाले शिष्य वृंद हैं. इन सब शिष्य गणोंकी रक्षा के लिये भी प्रार्थना हो रही है.

गुरूकुल याने स्थायी पाठशालाए सिर्फ दाताओंके दातृत्वपर निर्भर होती हैं. इसलिये देनेवाला सुरक्षित होना जरूरी है. देनेवालेकी रक्षा करें ऐसा कहा गया है. ग्यानकी धारणा करनेवाले दुय्यम शिक्षक होते हैं. उनकी भी रक्षा की जाय.

अव ग्यानको लिखित स्वरूपमें सुरक्षित रख कर दीर्घकाल संर्वधित करनेवाले ग्रंथपाल ओर ग्रंथालय होते हैं. उनके स्वास्थ्यके लिये भी प्रार्थना की गई है. ग्यान लेना और देना इस प्रकियामें शिष्य और गुरू प्रधान होते हैं. उनके पीछे उन्हे सहाय्य करनेके लिये वडी संघटना होती है. आधुनिक भाषामें विश्वविद्यालय कुलगुरू प्राध्यापक दुय्यम प्राध्यापक ग्रंथालय ग्रंथपाल इत्यादि कई घटक मिलके ग्यानका आदान प्रदान करते हैं.

अव इन सव घटकोंका तौलनिक अभ्यास करेंगे.

घटक	**वैदिक या पुराणकालमें**	**आधुनिक कालमें**
पीठ	गुरूकुल	विद्यापीठ
वक्ता	प्रमुख गुरूकुल ऋषि	कुलगुरू प्राध्यापक
श्रोता	शिष्य	विद्यार्थी
दाता	धनिक राजा महाराजा	धनिक या सरकार
धाता	दुय्यम ऋषि	दुय्यम प्राध्यापक
संग्राहक	मौखिक स्वरूपमें संग्रह करनवाले	ग्रंथ ग्रंथालय ग्रंथपाल

ऋषि व्यापक दृष्टीसे संपूर्ण ग्यान यंत्रणाका संरक्षण करनेकी प्रार्थना करते हैं.

अव पश्चात्तात अव पुरस्तात् अवोत्तरात्तात् अव दक्षिणात्तात् अव चोर्ध्वात्तात् अवाधरात्तात् सर्वतो मां पाहि पाहि समन्तात्

भावार्थ :- आप हमारा पश्चिम दिशासे . . पूर्व दिशासे . . उत्तर दिशासे . . दक्षिण दिशासे . . उपरसे और नीचेसे रक्षण करें .

टीका :- ऋषि प्रार्थना करते हैं कि हे गजानन आप हमारी अंर्तबाह्य रक्षा कीजिये . एक संकट अंदरसे आता है . जैसे देह पीडा यह है शारीरिक संकट . विस्मरण संमोह बुद्धि मांद्य ये है मानसिक संकट हैं . उपासनामें विघ्न यह है आध्यात्मिक संकट . दूसरा संकट बाहरसे आता है . जैसे शत्रु पीडा युद्ध दंगल अकाल बाढ बिजली का गिरना यह है बाह्य संकट .

अपनी साधना अच्छी तरहसे पूर्ण होनेके लिये ऋषि प्रार्थना करते हैं कि हे गजानन आप हमारी अंर्तबाह्य रक्षा कीजिये

त्वं वाङ्मयः त्वं चिन्मयः त्वं आनन्दमयः त्वं ब्रह्ममयः त्वं सच्चिदानन्द अद्वितीयः असि त्वं प्रत्यक्षं ब्रह्मः असि त्वं चत्वारि वाक्पदानि असि

भावार्थ :- आप वाचा स्वरूप हैं. आप चैतन्यरूप हैं. आप आनंदमय हैं. आप व्रह्ममय हैं. आप सत् चित् आनंदमय हैं. आप अद्वितीय हैं. आप प्रत्यक्ष व्रह्मतत्त्व हैं. आप ग्यानमय हैं. आप विग्यानमय हैं.आप चार प्रकारकी वाणी हैं.

टीका :- आप वाचा स्वरूप हैं. वाच् ये संस्कृत शब्द है. इसका अर्थ है वाचा.. वाणी.. भाषा..शब्द.. सरस्वती.
शब्द नाद से बनता है. नाद याने कंपन. इस मंत्रपर हम "त्वम् चत्वारी वाक् पदानी" इस मंत्र का विवरण करते समय अधिक प्रकाश डालेंगे.

आप चैतन्यरूप हैं. गजानन चेतना तत्त्व है. जो चेतना जगतमें देखी जाती है वैसी चेतना नहीं है. ये ज्ञानयुक्त याने सोच सकती है. ये कार्यप्रवण चेतना है. याने ये विश्वकी निर्मिती कर सकति है. विश्वको कार्यप्रवण कर सकती है.
आप आनंदमय हैं. गजानन आनंदमय है याने उन्हें मानव जैसा आनंद नहीं होता वे खुद आनंद हैं.

आप सत् चित् आनंदमय हैं. गजानन सत् हैं याने अस्तित्व स्वरूप हैं. आप सिर्फ हैं आपको होना या बनना नहीं पडता. (He is just **BE**. He doesn't **BECOME**. He is **MENON** not **PHENOMENON**) आप बनाये गये नहीं हैं. आप प्रकिया नहीं हैं. क्यों कि आप वस्तु नहीं हैं.आप केवल अस्तित्त्व हैं.

आप अद्वितीय हैं. गजानन एकमात्र हैं. उनके सीवा दूसरा कोई अस्तित्त्वमें नहीं है. ऋषि कहते हैं कि गजानन साक्षात व्रह्मतत्त्व हैं. गजानन अस्तित्वमय चेतनामय आनंदमय अद्वितीय ऐसा परम् तत्त्व हैं.

आप चार प्रकारकी वाणी है. हमने जाना कि ओंकार स्वरूप गजाननसे एक के बाद एक अवकाश वायु अग्नि जल और पृथ्वी तत्त्वोंका निर्माण हुआ. इनके पंचीकरण से विश्वकी रचना हुई. अंतमें उलटे क्रमसे याने पृथ्वी जलमें विलीन होती है. जल पृथ्वी सहीत अग्निमें विलीन होता है. अग्नि और पृथ्वी जलके साथ वायुमें विलीन होती है. फिर वायु पृथ्वी और जल अग्निके साथ अवकाशमें विलीन होता है. अंतमें अवकाश ओंकारमें विलीन होता है. ओंकार एक शब्द है.

ऋषि अब कहते हैं कि गजानन याने ओंकार चार स्वरूपकी वाणी हैं. ये चार वाणी इस प्रकार हैं ....

वैखरी मुखसे निकलनेवाली वाचा जो सब सुन सकते हैं.
मध्यमा कंठमें अस्फुट स्वरमें उच्चारित वाचा जो ठीक तरहसे सुनाई नहीं देती
पश्यंती मनमें ही उच्चारण करना. यह वाणी कोई सुन नहीं सकता.
परा ये अंतकरणमें कुछ किये बिना होती है. ये अवर्णित है.
ऋषि कहते हैं कि ये चारो वाणी गजानन के ही रूप है. अब इसका हम शास्त्रीय परिभाषामें विचार करेंगे.

ऋषिने वाक् शब्दकी योजना की है. वाक् का सामान्य अर्थ है वाचा या वाणी. लेकीन शास्त्रीय परिभाषामें वाक् याने शब्द.. स्फोट या धमाका. स्फोट या धमाकेसे आंदोलन (vibration) होता है. आदोलनसे ही नादकी निर्मिती होती है. इसलिये वाक् याने आंदोलन या स्पंदन. ओंकार वाक् मय है याने वह एक आंदोलन है या स्पंदन है. आधुनिक भौतिक शास्त्र भी यही कहता है कि पहले एक बडा स्फोट (big bang) हुआ. फिर विश्वकी उत्पत्ति हुई. बस ऋषिने याने वेदोंने भी लाखो साल पहले यही कहा कि पहले ओंकार हुआ. ओंकार एक स्फोट याने कंपन था. इस स्फोटसे विश्वका निर्माण हुआ.

आप समझनेकी कोशिश कीजिये कि हमने यह सब बातें भौतिक शास्त्रकी (physics) परिभाषामें ग्रथित करनेका जो प्रयास किया है यह सब सिर्फ शास्त्रमें विश्वास करने वालों के लिये किया. वास्तविक ईश्वर गजानन या परमतत्त्वको वेदोंने भी नहीं समझा वह भला हम नाचीज आपको कैसे समझा सकते हैं ? इसे आकलन करने के लिये गुरू कृपा होनी चाहीये.

त्वं ज्ञानमय विज्ञानमय असि

भावार्थ :- आप ग्यानमय हैं. आप विग्यानमय हैं.

टीका :- ईश्वर और परमतत्त्वका ग्यान ही सच्चा ग्यान हैं. गजानन स्वयं ग्यान स्वरूप हैं. वे साक्षात परमतत्त्व हैं.
ईश्वर और परमतत्त्वको छोडके बाकी नामरूपात्मक चराचर जगतका ग्यान विषेश ग्यान है. विग्यान है. गजानन और जगत अलग नहीं है. इसलिये गजानन विग्यान भी हैं.

सर्वम् जगदिदन् त्वत्तो जायते
सर्वम् जगदिदन् त्वत्तस्तिष्ठति
सर्वम् जगदिदन् त्वयि लयमेष्यति
सर्वम् जगदिदं त्वयि प्रत्येति

भावार्थ :- ये विश्व आपसे पैदा होता है. आपमें ही स्थित है. आपमें ही इसका लय होता है. ये आप पर ही भासमान है.

टीका :- "तत् त्वम् असि" यह उपनिषद का महावाक्य है. तत् याने वह परमतत्त्व. त्वम् याने लघु जीव सहीत संपूर्ण चराचरात्मक नामरूप वाला जगत. उपनिषद और संत महात्माओंका सदैव यही प्रयत्न रहा है कि जगत और जीव परम् तत्त्व है यह समझाना. अभीतक ऋषिने तत् पद याने परमतत्त्व का निरूपण किया. अब वे त्वम् पद याने लघु जीव सहीत संपूर्ण चराचरात्मक नामरूप वाला जगत का निरूपण करेंगे. जगत् याने य: जायते य: गच्छते अर्थात जो जन्मता है गतिमान है और नष्ट होता है वह जगत. ऋषि कहते हैं कि ये विश्व आपसे पैदा होता है. ये विश्व कैसे पैदा हुआ यह अभी हम देखेंगे.

विश्वका निर्माण

पहले वह ही एकमात्र सद् था. जिसे परमतत्त्व या परब्रह्म भी कहते हैं. वह अस्तित्वमय चेतनामय आनंदमय निरपेक्ष तत्त्व है. वह अकेला था. उसने सोचा "एकोऽहम् बहुस्याम्". अर्थात मैं अकेला हूँ कुछ निर्माण करके बहुत हो जाता हूँ. एसा सोचना उसकी लीला थी. एक खेल था.

सबसे पहले '**महद्**' तत्त्व का निर्माण हुआ. यही **शिव तत्त्व** महादेव तत्त्व है या मकार है. शिव तत्त्व अप्रगट स्वरूपमें (unmanifested) होता है. उससे ओम् तत्त्व निर्माण हुआ. यही गजानन तत्त्व है. यह प्रगट (manifested) होता है. शिव को ओंकारेश्वर भी कहते हैं. ओंकार याने गजानन उसका ईश्वर याने ओंकारेश्वर महादेव. गजानन को '**शिवसुत**' कहते है. सुत याने आगेका हिस्सा (extension). गजानन शिवजीके बाद पैदा हुअे इसलीये वे शिवजीका का आगे का हिस्सा याने (extension) हैं. याने वे शिव सुत हैं.

ओंकार याने गजाननसे ही विश्वकी रचना हुई. इसलिये ऋषि ने कहा कि ये विश्व आपसे पैदा होता है. आपमें ही स्थित है. आपमें ही इसका लय होता है.

अब सहसा ऋषि कह जाते है कि "ये विश्व आप पर ही भासमान है. इसका मतलब कुछ अलग है. विश्वकी निर्मिती घट या पट जैसी बाहरी वस्तुओंको लेकर किसीने नहीं की है. यह विश्वको परमतत्त्वने अपनेमें ही अपनेसे ही खुद बनाया है. परमतत्त्व निरपेक्ष तत्त्व है. इसलिये उसमें दिखाई देनेवाला विश्व एक भास है. जैसे खंबे पर भूत का भास होता है जो वास्तविक अस्तित्त्वमें नहीं है. उसी तरह यह विश्व परमतत्त्व के उपर याने गजानके उपर केवल भासमात्र है. सिर्फ प्रतीति है. भ्रम है.

त्वं भूमिः आपः अनलः अनिलः नभः

भावार्थ :- आप भूमि है. आप जल है. आप अग्नि है. आप वायु है. आप आकाश है.

टीका :- ओंकार याने गजाननसे ही विश्वकी रचना हुई ये हमने जाना. लेकिन अव जो नामरूपात्मक विश्व का नजारा दिखता है वह इस कमसे विकसित हुआ ...

ओंकार स्वरूप गजानसे प्रथम आकाश हुआ. हमें नील वर्ण आकाश जो दिखता है वह यहा अभिप्रेत नहीं है. आकाश याने अवकाश (space). इस अवकाशमें एकके बाद एक वायु अग्नि जल और पृथ्वी तत्त्व उत्पन्न हुए. इन्हें पांच महाभूत कहते हैं. शुरूमें ये सव उनके सूक्ष्म स्वरूपमें थे. इन्हें तन्मात्रा कहते हैं. हर भूतकी तीन तन्मात्रा थी. सत्त्व रज और तम. पांचो भूतोंकी तम तन्मात्राके एकीकरण से जड पृथ्वी भूत उत्पन्न हुआ. हमें जो प्राणीयोंके जड शरीर दिखाई देते हैं वे जड पृथ्वी तत्त्वसे वने हैं. सव वस्तुओंका बाहरका जो कंकाल (skeleton) है वह पृथ्वी तत्त्वसे वना हैं. फिर पांचो भूतोंकी रज तन्मात्राके एकीकरण से वल या शक्ति का आविर्भाव हुआ. जैसे विद्युत वल गुरूत्वाकर्षण वल इत्यादि. फिर पांचो भूतोंकी सत्त्व तन्मात्राके एकीकरणसे चैतन्य याने जाननेकी शक्ति पैदा हुई. जड देह वल और चैतन्य मिलके इस संसारकी रचना हुई इस प्रकियाको पंचिकरण कहते हैं.

पंचमहाभूतोंके तमगुणके अंश										उत्क्रांति
½ आ	+	⅛ वा	+	⅛ अ	+	⅛ ज	+	⅛ पृ		स्थूल आकाशभूत
⅛ आ	+	½ वा	+	⅛ अ	+	⅛ ज	+	⅛ पृ		स्थूल वायूभूत
⅛ आ	+	⅛ वा	+	½ अ	+	⅛ ज	+	⅛ पृ		स्थूल अग्निभूत
⅛ आ	+	⅛ वा	+	⅛ अ	+	½ ज	+	⅛ पृ		स्थूल जलभूत
⅛ आ	+	⅛ वा	+	⅛ अ	+	⅛ ज	+	½ पृ		स्थूल पृथ्वीभूत

त्वं गुणत्रयातीतः त्वं देहत्रयातीतः
त्वं कालत्रयातीतः त्वं अवस्था त्रयातीतः

भावार्थ :- आप तीनो गुणोंसे परे हैं. आप तीनो देहोंसे परे हैं. आप तीनो कालसे परे हैं. आप तीनो अवस्थासे परे हैं.

टीका :- गजानन परमतत्त्व हैं. वे एक निरपेक्ष तत्त्व हैं. उनकी कोई उपाधि नहीं है. वे सिर्फ अस्तित्व हैं. ये समझना मानवी बुद्धि के बाहर है. फिर भी सापेक्ष जगतकी भाषामें ऋषि समझानेकी कोशिश करते है.

आप तीनो गुणोंके परे हैं. पहले गुण याने क्या यह देखेंगे.

गुण याने

- गुणवान
- पदार्थके गुणधर्म
- उपयोगिता फायदा
- कार्य परिणाम
- डोरी
- पाश बंधन

हमने देखा कि संपूर्ण जगत पांच महाभूतोंके पंचीकरणसे बना है. ये सबही महाभूत सत्त्व रज और तम गुणोंसे युक्त हैं. इसलिये यह जगत भी त्रिगुणात्मक है. जगत केवल एक पदार्थ मात्र है. लेकीन गजानन याने परमतत्त्वमें कोई गुणधर्म नहीं हैं. वे पदार्थ नहीं हैं. वे तीनो गुणोंसे परे हैं.

गजानन तीनो देहोंसे परे हैं. देह याने शरीर. शर्यते इति शरीर. जो घटता है जिसमें परिवर्तन होता है उसे शरीर कहते हैं. सब वस्तु और प्राणियोंका पार्थिव शरीर पंचमहाभूतोंके तम अंशसे बना है. शरीर तीन प्रकारका होता है.

शरीर	**विवरण**
स्थूल शरीर	अस्थि रूधिर मांससे बना हुआ महाभूतोंके तम तन्मात्रासे बना हुआ.
सूक्ष्म शरीर	मन बुद्धि अहंकार. महाभूतोंके सत्त्व तन्मात्रासे बना हुआ.
कारण शरीर	वासना. महाभूतोंके रज तन्मात्रासे बना हुआ.

परमतत्त्व निरपेक्ष है. इसलिये उसमें कोई शरीर नहीं है. न वे शरीरमें हैं. गजानन तीनो देहोंसे परे हैं.

गजानन तीनो कालोंसे परे हैं. पहले काल या क्या होता है यह हम समझ लेंगे.

काल यह एक संकल्पना (notion) हैं. काल कोई पदार्थ नहीं है. सूरज के उदय और अस्त पर कालकी गणना हम करते हैं. काल होनेके लिये अवकाश और वस्तु का होना जरूरी है. फिर वह वस्तुका एक स्थानसे दूसरे स्थान तक भ्रमण होना चाहीये. शास्त्रकी परिभाषामें कहा जाय तो जब हलचल होती है या परिवर्तन होता है तब कालका जन्म होता है.

भौतिक शास्त्रानुसार कालकी व्याख्याः **'काल याने दो घटनाओंके बीच का अंतर'**. (Time is distance between two events)

काल सिर्फ सापेक्ष जगतमें हो सकता है. अवकाश. . वस्तु. . काल और शक्ति ये चार इस सापेक्ष विश्वकी सीमाए हैं. (This world of relativity is bound by framework of Matter Space Energy and Time.) निरपेक्षतामें काल संभव नहीं है. गजानन तत्त्व निरपेक्ष है. इसलिये वे वर्तमान भूत और भविष्य इन तीनो कालोंसे अतीत हैं.

त्वं मूलाधारस्थितोसि नित्यम्
त्वं शक्तित्रयात्मकः
त्वां योगिनो ध्यायन्ति नित्यम्

भावार्थ :- आप मूलाधार चक्रमें हमेशा रहते हैं. आप तीन प्रकारकी शक्तियाँ हैं. योगीजन आपका हमेशा ध्यान करते हैं.

टीका :- गजानन का स्थान मूलाधार चक्र है. मूलाधार चक्र गुदद्वार और शिस्नके बीच होता है. जहा 'इडा' और 'पिंगला' 'नाडीयाँ आपसमें मिलती हैं उसके नीचे मूलाधार होता है. यह चक्र आधार चक्र है. इसके उपरके सहस्त्राधार चक्र तक के सब चक्रेंको यह चक्र आधार देता है.इस चक्रसे चार नाडिया निकलती हैं जो कमलदलके समान होती है. ये सब कंपायमान होती है. इनका कंपन **सं वं शं षं** इन अक्षरोंसे जाना जाता है.

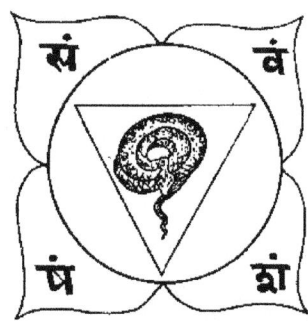

मूलाधार चक्र

इनके बीचमें जो योनी होती है उसे काम कहते हैं. यहाँ कुंडलिनी शक्ति सुप्तावस्थामें रहती है. इस चक्रके नीचे सात लोक होते हैं. जिन्हें सप्त पाताल कहा जाता है. पाताल अतल वितल सुतल तलातल रसातल और महातल ये इनके नाम हैं.मूलाधार भूतल है. पृथ्वीलोक है. इसके उपर छह लोक हैं.उनके नाम हैं भूलोक स्वलोक महलोक जनलोक तपलोक और सत्यलोक.

मूलाधार में सुवर्ण रंगके **त्रिपुरा** नामक शक्तिका वास होता है. यह एक बहुतही साम्यर्थशाली शक्ति है. इसे स्वयंभू लिंग कहते हैं. इस लिंगके नजदीक **कुला** नामक सुनकरा प्रदेश होता है उसका शासन करनेवाली देवताका नाम है **डाकीनि** शक्ति. ब्रह्म ग्रंथी भी मुलाधारमें होती है. मुलाधारचकका बीज अक्षर है **लं**. गजाननका बीज अक्षर भी **लं** ही है.

इस प्रकार सर्व लोग याने महातल से सत्य लोग तक पृथ्वी लोगका आधार गजाननही हैं. सब विश्व निर्माण करनेवाले गजानन मूलाधारमें स्थित हैं.

योगी जन मूलाधार चक पर ध्यान लगाते हैं. इससे उनकी कुंडलिनी जागृत होती है. उन्हें **दर्दुरी** नामक सिद्धि प्राप्त होती है. इस सिद्धिसे योगी हवामें संचार कर सकते हैं.योगी इस सिद्धिसे प्राण मन और वीर्य पर सत्ता कर सकते हैं. जब अभ्याससे प्राण ब्रह्म ग्रंथीमें प्रवेश करता है तब उस योगी के सब पाप जल जाते हैं.उन्हें भूत भविष्य ओर वर्तमान तीनो कालोंका ग्यान होता है. अंतमें योगी आत्मानंद का अनुभव करते हैं.

आप तीन प्रकारकी शक्ति हैं. शक्तियां तीन प्रकारकी होती हैं. एक **इच्छा शक्ति** दूसरी **ज्ञान शक्ति** और तीसरी **किया शक्ति**. गजाननमें ये तीनो शक्तियां विराजमान होती हैं. इन तीनो शक्तियोंसे गजानन विश्वका निर्माण करते हैं.

त्वं ब्रह्मा त्वं विष्णु त्वं रूद्र त्वं इन्द्र
त्वं आग्नि त्वं वायु त्वं सूर्य
त्वं चन्द्रमा त्वं ब्रह्म भू भुव: स्वरोम्

भावार्थ :- आप ब्रह्माजी हैं. आप विष्णुजी हैं. आप शिवजी हैं. आप अग्नि हैं. आप वायु हैं. आप सूर्य हैं. आप चंद्रमा हैं. आप परब्रह्म तत्त्व है. आप पृथ्वी लोग अंतरिक्ष लोग और स्वर्ग लोग हैं.

टीका :- गजाननकी उपासना सुलभ होनेके लिये उनकी उपरोक्त विभूतियोंका वर्ण न किया है. यूं तो गजानन सर्वत्र हैं. लेकिन पार्थिव गणपतिकी उपासना करते समय हमें उनका विराट रूपका ध्यान रखना चाहिये. असलमें गजानन ब्रह्म तत्त्व हैं जो असीम अमित अगण्य अरूप अगोचर निरपेक्ष परमतत्त्व हैं. इसका हमें भान रखना है और उनके सगुण स्वरूपकी उपासना करनी है.

गणादिं पूर्वमुच्चार्य वर्णादिस्तदनन्तरम्
अनुस्वार: परतर: अर्न्धेन्दुलसितम्
तारेण ऋद्धम् एतत्तव मनुस्वरूपम्

भावार्थ और विवेचन

प्रारंभ में **ग्** का उच्चार करें. फिर इस **ग्** वर्ण में **अ** मिलाईये. **ग्** + **अ** से **ग** होता है. उसके बाद अनुस्वार मिलाईये. अभी उच्चारण हो जायेगा **गं**. अभी अर्धचंद्राकारसे इसे सुशोभित करिये. इसे जोडणेसे **ॐ गॅं** यह बीज वनता है.
यही गजानन का नादमय सगुण रूप है. गणेश तत्त्वकी उपासना करते समय इस मंत्र का याने **ॐ गॅं गणपतये नम:** का उपयोग जपमें किया जाता है.

गकारः पूर्वरूपम् अकारः मध्यम रूपम् अनुस्वारः च अन्त्य रूपम् बिन्दु उत्तर रूपम् नादः सन्धानम् संहिता सन्धिः

भावार्थ :- गजानका पहिला रूप **ग** के आकार मय है. **अ** का आकार यह उनका मझला रूप है और **बिंदु** अंतिम रूप है. इन तीनो रूपोंको नाद याने ध्वनि आपसमें जोडता है. ऐसा यह **ग अ** और **बिंदु** का नादसे जोडना है.

टीका :- **ग अ** और बिंदु का नादसे जोडनेसे **गॅ** याने ओम् याने ॐ का उच्चारण होता है.

ओंकार निर्मिति एक चिंतन

ओंकार परब्रह्म का प्रतिक होगा यह बात अर्वाचिन ऋषियोंने कैसी सोची होगी ? इसके पीछे विज्ञानकी सोच है. ऋषि वैज्ञानिक थे.(अतिरिक्त जानकारीके लिये डॉ. प.वि वर्तकजीने लिखा हुआ **'उपनिषदांचे विज्ञाननिष्ठ निरूपण'** ये किताब पढिये. ये किताब मराठी भाषामें लिखी है)

विश्वके उत्पत्तिके पहले कुछ भी नहीं था सिर्फ वही एक तत्त्व था. असीम अमित अगण्य अरूप अगोचर निरपेक्ष परमतत्त्व था. पहले वह ही एकमात्र सद् था. जिसे परमतत्त्व या परब्रह्म भी कहते हैं. वह अस्तित्वमय चेतनामय आनंदमय निरपेक्ष तत्त्व था. वह अकेला था. उसने सोचा **'एकोऽम् बहुस्याम्'**. अर्थात मैं अकेला हूँ कुछ निर्माण करके बहुत हो जाता हूँ. यह उसकी लीला थी.

उस तत्त्वसे एक वायुमय बिंदु मात्र गोला प्रगट हुआ. उसे आभू कहते हैं. इस धुली कण जैसे छोटे आभूमें सब संसारको बनाने का पदार्थ भरा हुआ था. यही **'महद्'** तत्त्व है. यही शिव तत्त्व या मकार है. शिव तत्त्व अप्रगट स्वरूपमें

(unmanifested) होता है . विंदुवत आभूमें (black hole ?) पूरे विश्वका पदार्थ होनके कारण उसमें गुरूत्वाकर्षण भारी मात्रामें था . उसमें वहुत उष्णता उत्पन्न हुई और फिर विस्फोट हुआ . उसमेंसे जोरोसे पदार्थ वाहर फेका गया . इस पदार्थसे विश्वका निर्माण हुआ .

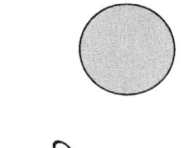

शिव तत्त्व (आभू)

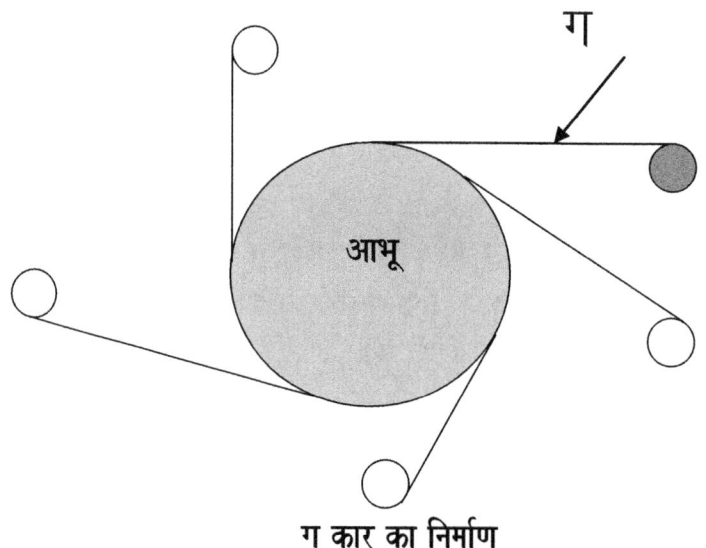

ग कार का निर्माण

आभू भवरे जैसा गोल घुमता था . जब उसमेंसे पदार्थ (matter) जोरोसे बाहर आया तब अपकेंद्री बलके (centrifugal force) प्रभाव से वह पदार्थ आभू रूपी गोलकके स्पर्श रेषाके (tangential) दिशामें बाहर आया . और थोडा दूर जाकर आभूके गुरूत्वाकर्षण बलके कारण मुड गया और अब **ग** जैसे आकारको प्राप्त हुआ . उपरोक्त आकृतिमें सिर्फ पांच **ग** दिखाये है . वास्तवमें अगणित **ग** बने होंगे .

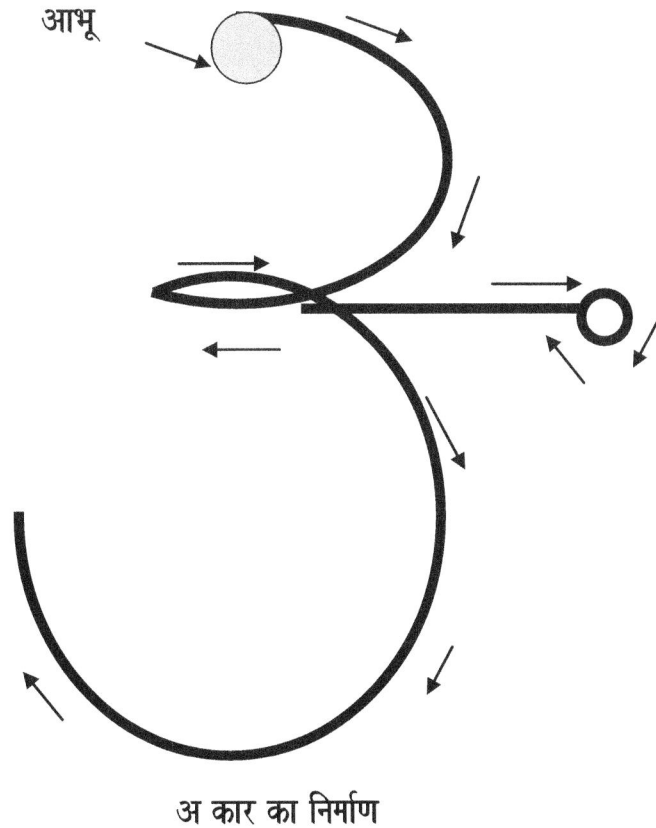

अ कार का निर्माण

जब वस्तुमान (matter) कम होता है तब स्फोट होनेके बाद वस्तु दशदिशामें बिखरती है और फिर वापस आकर मूल वस्तुमें समाती नहीं. जैसे सूरजमें स्फोट होनेके बाद बहुत सारा वस्तुमान बिखर गया और स्वतंत्र ग्रह लोलक बन गये. लेकिन बिंदुवत आभूमें (black hole?) पूरे विश्वका वस्तुमान होनके कारण उसमें गुरूत्वाकर्षण भारी मात्रामें था. इस आभूसे कोई चीज बच नहीं सकती थी. सबको वह खीचकर अपनेमें समेट लेता था. स्फोटके बाद आभूके प्रचंड गुरूत्वाकर्षणसे कंस पीछे मुड गया और **ग** कार बन गया यह हमने देखा. **ग** कार होनेके बाद गुरूत्वाकर्षण कुछ मात्रामें कम हुआ. और धीरे धीरे आगे जानेकी गती कम होकर थम गई तब फिर गुरूत्वाकर्षणके प्रभावसे वस्तु पीछे आने लगी और **अ** कार बन गया. मूल आभू से **अ** कार हो गया. **अ** से फिर वस्तु बाहर फेकी गई और उसका **ग** बन गया. **ग** कार आढा होनेसे उसे **ऊ** कार कहा गया.

म कार शिव चिन्ह

म कार का निर्माण

आभूसे शुरूमें वस्तु बाहर फेकी गई तब शायद कंस या अर्धचंद्र का आकार हुआ होगा और उपर दिखाया गया चिन्ह तयार हुआ . यही मकार है . यही शिवजी का चिन्ह है .

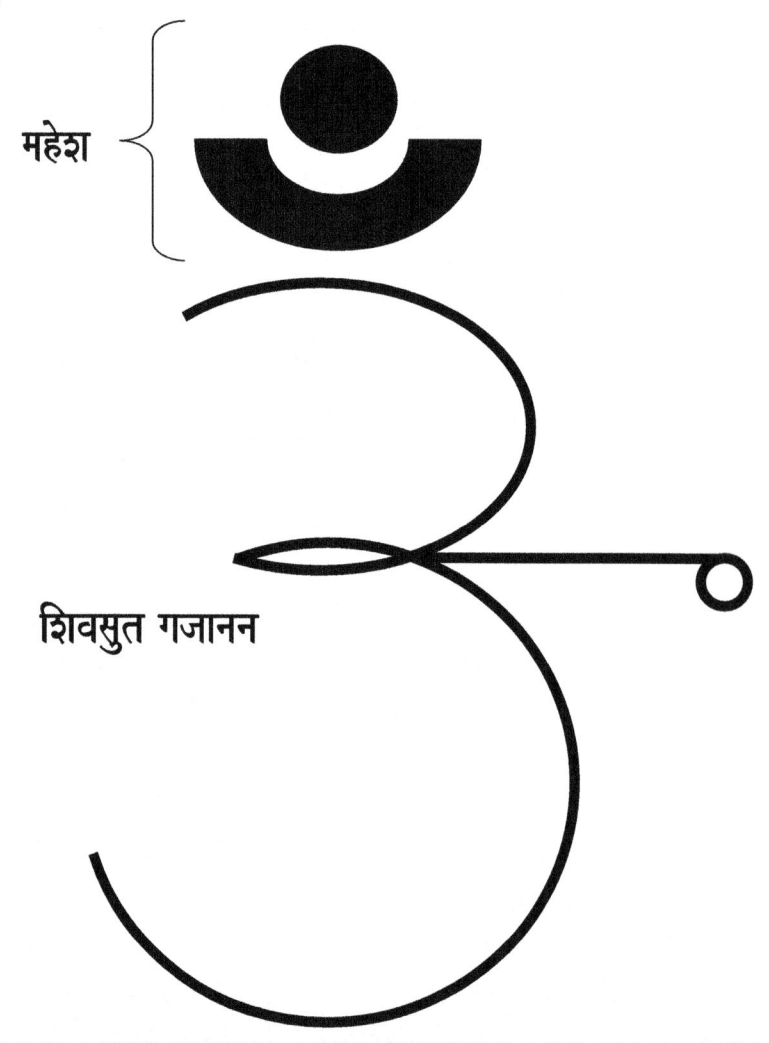

महेश

शिवसुत गजानन

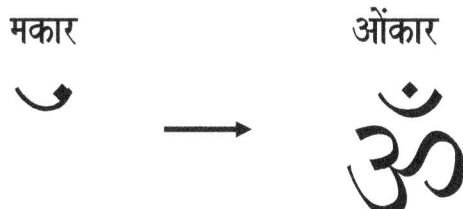

इस तरह परतत्त्व से आभू... आभूसे महद् या शिवतत्त्व... शिवसे गजानन तत्त्व होता है. गजानन से ही ये सारा जगत होता है.

श्री ज्ञानेश्वर महाराज कहते हैं...

अकार चरणयुगुल उकार उदर विशाल
मकार महामंडळ मस्तकाकारे
ते तिन्ही एकवटले तेथे शब्द ब्रह्म कवळले
ते मिया गुरूकृपे नमिले आदिबीज
ज्ञानेश्वरी अ. १

ShabdaBrahma Gajanana
शब्दब्रह्म गजानन

श्री ज्ञानेश्वर महाराज कहते हैं कि **अ** कार गणेशजी के दो चरण हैं. **उ** कार उनका विशाल उदर है और **म** कार मस्तक है. जहाँ **अ** कार **उ** कार और **म** कार एकत्रित होते हैं ऐसे शब्दब्रह्म गजाननके मैं गले मिलता हूँ. केवल गुरू कृपासेही आदिबीज गजानन को मैं नमन करता हूँ.

भौतिका शास्त्रके आधार पर ॐ तत्त्व को समझानेका यह एक अल्प प्रयास है. यह प्रयत्न केवल उच्च्व शिक्षा विभूषित और सिर्फ शास्त्र प्रमाण माननेवाले व्यक्तियोंके लिये किया गया है. उनकी श्रद्धा बढानेके लिये है. ध्यानमें रखें कि भौतिक शास्त्रोंको मर्यादा है. उसके आधार पर गणेश जी का पूरा पूरा आकलन कदापि नहीं किया जा सकता है. सत्यका दर्शन सिर्फ गुरूकृपासे ही होता है यह भान हमें रखना है. यह संतवचन है.

नैषा गणेश विद्या गणक ऋषि: निचृद्गायत्री छन्द: गणपतिर्देवता ॐ गं गणपतये नम:

भावार्थ :- यह गजाजनसे ग्यान प्राप्त कर देने वाली गणेश विद्या है. इसके रचयिता हैं गणक ऋषि. इसकी रचना गायत्री छंदमें हुई है. जिसका बीजाक्षर है **गं**. ऐसे ओंकार स्वरूप गजाननको हम प्रणाम करते हैं.

टीका :- ऋषि अपना नाम छुपाकर गणक ऐसा नाम लेते हैं. ऋषि अपने पास कर्तृत्व नहीं लेते. दूसरा अर्थ है स्वयं गजानन इस स्तोत्रके रचयिता हैं.

एकदन्ताय विद्महे वक्रतुण्डायधीमहि तन्नो दन्ती प्रचोदयात्

भावार्थ :- अब हम एकदंत गणेशजीको जानते हैं. वकतुंड गणेशजीका हम ध्यान करते हैं. ये दंती गजानन हमें ग्यान प्रदान करें.

टीका :- ऋषिने अभीतक गजाननका निर्गुण और सगुण रूपका विवरण किया. फिर उनसे विश्व कैसे निर्माण हुआ ये समझाया. उनके विराट स्वरूपका भी वर्णन किया. इसलिये ऋषि कहते हैं कि अब हम एकदंत गणेशजीको जानते हैं.
ॐ गं गणपतये नमः इस बीज मंत्र द्वारा ध्यान करते हैं. इसतरह ध्यान करनेसे ऋषिको गजाननका साक्षातकार होगा.

एकदंत याने मायाका स्वामी. वकतुंड याने सब दुष्कृतोंका नाश करनेवाला. इसके आगेके मंत्रमें ऋषि गजाननके अनेक प्रचलित नाम बताने वाले हैं.

एकदन्तं चतुर्हस्तं पाशमङ्कुशधारिणम् रदं च वरदं हस्तैर्बिभ्राणम् मूषकध्वजम् रक्तं लम्बोदरं शूर्पकर्णकं रक्तवासं रक्तगन्धानुलिप्तागं रक्तपुष्पै सुपूजितम् भक्तानुकम्पिनं देवं जगत्कारणमच्युतम् आविर्भूतं च सृष्टयादौ प्रकृते पुरूषात् परम् एवं ध्यायति यो नित्यौ स योगी योगिनां वरः

भावार्थ :- गजानन एकदंत हैं. उन्होंने पाश अकुंश धारण किया है. वे रक्तवर्ण हैं. वे वरदान देनेवाले हैं. उनके हातमें ध्वजा है जिसपर मूषक याने चूहा विराजमान है. उनका उदर विशाल है. उनका कर्ण सूप जैसा बडा है. उन्होंने लाल रंगका पितांबर पहना है. उनके सर्वांग को लाल रंगका चंदन लगाया है. लाल रंगके फूलोंसे उनकी पूजा की गई है. भक्तोंपर अनुकंपा करने वाले ये भगवान जगतका मूल कारण हैं. वे सृष्टीके पहलेसेही हैं. वे पुरूष और प्रकृतीसे परे हैं. इस तरह जो गणेशजीका हमेशा ध्यान करता है वह योगीयोंमें श्रेष्ठ है.

टीका :- ऋषिने अभीतक गजाननका निर्गुण और सगुण रूपका विवेचन किया. अबभी वे यही कहते हैं गजानन निरपेक्ष परमतत्त्व हैं. सबसे परे हैं. फिर भी साधकको उनके सगुण रूपकी भक्ति करनी चाहिये. लेकिन ध्यानमें रखना है कि वे निर्गुण निराकार असीम अनंत अगोचर अगण्य निरपेक्ष ब्रह्मतत्त्व हैं.

भक्ति विग्रहकी करें लेकिन भान निर्गुण का रखें यह ऋषिका अभिप्राय है. अंतमें गजाननके आठ नाम बताकर उनको आठ बार नमन करके इस उपनिषदका समापन करते हैं.

नमो व्रातपतये नमो गणपतये नमः प्रमथपतये नमस्ते अस्तु लम्बोदराय एकदन्ताय विघ्ननाशिने शिवसुताय वरदमूर्तये नमः

भावार्थ और टीका

अनु.	नाम	सामान्य अर्थ	विवेचन
१	**व्रातपति**	सब देवोंका पती	व्रात याने पूरा विश्व. गजानन सब सृष्टी के अधिपती हैं.
२	**गणपति**	गणोंका पति	गण याने गणना हो सकती है ऐसी नामरूपात्मक सृष्टी. गजानन अगण्य हैं. वे इस गणना किये जानेवाले विश्वके स्वामी हैं.
३	**प्रमथपति**	शिव गणोंका पती	शिवके प्रमुख गणोंका स्वामी.
४	**लंबोदर**	विशाल उदर वाला	इनका उदर **अ** कार स्वरूप है. **अ** कारसे विश्वकी निर्मिति हुई. गजाननके विशाल उदरमें विश्व समाया है.
५	**एकदन्त**	एक ही दात वाला	एक याने माया दन्त याने सत्ता. गजानन मायापती हैं.
६	**विघ्ननाशन**	विघ्नोंका नाश करनेवाला	सब विघ्नोंका नाश करनेवाले.
७	**शिवसुत**	शिवजी का बेटा	शिव तत्त्व अगोचर है. उससे निर्माण हुए सुत याने अगला हिस्सा (extension) याने गजानन.
८	**वरदमूर्ति**	वर देनेवाला	सब भक्तोंको वर देकर उनका कल्याण करनेवाले गजानन.

ऊपसंहार...

स्तोत्र के अंतमें फलश्रुति याने स्तोत्र पढनसे भौतिक जीवनमें क्या प्राप्त होगा इसका विवरण दिया है. फलश्रुति पर हम चिंतन नहीं करना चाहते. फल जरूर मिलता है. फल अपने कर्मोंके अनुसार प्राप्त होता है. फलका नियोजन प्रकृति करती है. प्रकृति गजाननके अधीन रहकर कार्य करती है. सो गजाननही फलके नियंता हैं. गजानन सबको अपने अपने कर्मोंके अनुसार उचित फल देते हैं.
हम गजाननसे यही प्रार्थना करते हैं कि......

*** हे गजानन ***

आपकी कृपासे सब प्राणियोंको सुखकी प्राप्ति हो जाय
सब प्राणिमात्र निरामय हो जाय
सबके दु:ख समाप्त हो जाय
चराचरमें शांती समृद्धी हो जाय
सब प्राणियोंमें परस्पर प्रेम और मित्रता हो जाय

सदगुरू चिन्मयानंद महाराजकी कृपासे यह चिंतन संपन्न हुआ इसका फल सद्‌गुरूके चरणोंपर अर्पण करते हैं

ॐ तद् सत्

*****

संदर्भ ग्रंथ (Reference)

Bhagwat Geeta with Vishnusahatranaam. Gorkhpur.

Sw. Chinmayanand. **Kindle Life**. Chinmaya Mission.

Sw. Chinmayanand. **Holy Geeta**. Chinmaya Mission.

Dr.P.V.Vartak, '**Upanishadache Vidnyan Nisth Nirupan**'

Saint Dnyaneshwar, '**Dnyaneshwari**'

Saint Tukaram, '**Tukaramachi Gatha**'

Printed in Dunstable, United Kingdom

65743483R00025